500 Words To Know

In

Spanish

By

Bradley C. Geiger

Bradley C. Geiger

Printed in the United States of America

FIRST EDITION

ISBN-13: 978-0-615-61196-9

ISBN-10: 0-615-61196-6

Library of Congress Control Number: 2012905072

1 3 5 7 9 10 8 6 4 2

Argive Publishing

2725 Manzanita Lane

Reno, NV 89509

www.argivepublishing.com

www.bradleycgeiger.com

500 Words To Know In Spanish

Bradley C. Geiger

Table Of Contents

Bradley C. Geiger

Basics	**Conceptos básicos**
How do you say...?	¿Cómo se dice ...?
Ideally	Idealmente
Basically. Fundamentally.	Básicamente. Fundamentalmente.
Simply	Simplemente
Supplemental	Suplementario
That would be advantageous.	Esto sería ventajoso.
There is more to it / these.	Hay más a lo / estos.
That's not all of it.	Eso no es todo.
In this manner	De esta manera
I'm him.	Yo lo soy.
These have that.	Estos tienen que.

She is her.	Ella est ella.
Like this.	Como este.
With me	Conmigo
Easily	Fácilmente
Surely	Seguramente
Most definitely	Por supuesto que sí
Very certainly	Muy cierto
That's a fact.	Eso es un hecho.
She is right.	Ella tiene razón.
He is wrong.	Se equivoca.
We are they.	Nosotros están.
This does that.	Esto hace que.

The (bad) smell.	El olor (malo).
The taste.	El sabor.
You look nice.	Te ves bien.
He is very charming.	Él es muy encantador.
She is very beautiful.	Ella es muy bonita.
I am lucky to have...	Yo soy afortunado tener...
It starts at...	Se comienza a...
It is 6 o'clock.	Se trata de 6:00.
I have more.	Yo tengo más.
You don't have enough.	Usted no tiene suficientes.
We need a count of the...	Nosotros necesitamos un recuento de la ...
Children	Niños

Cars	Coches
Horses	Caballos
Thank you.	Gracias.
Thank you very much.	Muchas gracias.
You're welcome.	De nada.
Please.	Por favor.
Yes.	Sí.
No.	No.
Excuse me.	Discúlpe me.
Pardon me.	Perdón me.
I'm sorry.	Lo siento.
I don't understand.	Yo no comprendo.

I understand.	Yo comprendo.
I don't speak this language very well.	Yo no hablo esta lengua muy bien.
Do you speak English?	¿Habla usted Inglés?
Speak slowly, please.	Hable más lento, por favor.
Please repeat.	Por favor, repita.
What's your name?	¿Cuál es su nombre?
How are you?	¿Cómo está usted?
Is there a public phone here?	¿Hay un teléfono público aquí?
Can I get on the internet?	¿Puedo conseguir en el Internet?
Do you know a good... ?	¿Sabe usted una buena...?

Pre-paid wireless provider?	Proveedor de prepago móvil telefonía?
Place to have a drink?	Lugar para tomar una copa?
Place to go dancing?	Para ir a bailar?
Place to take a date?	Para llevar un acompañante?
Romantic setting nearby?	Ambiente romántico cercano?
Can you help me?	¿Puede usted ayudarme?
Where is the bathroom?	¿Dónde está el baño?
Will you...?	¿Lo harás...
I need...	Yo necesito...
A book	Un libro

Dining	**Cenar**
We have a reservation.	Nosotros tenemos una reserva.
The name is...	El nombre es...
I would like to have...	Yo quiero tener...
We would like to have...	Nosotros queremos tener...
Do you have any vegetarian items?	¿Tienes ustedes platos vegetarianos?
For appetizers...	Para los aperitivos
For a main course...	Por uno plato principal...
May I please have some more...?	¿Puedo por favor tener algo más...
May we please have some more...?	¿Podemos por favor tenga un poco más...
Of these wonderful...	De ellos maravilloso...

The beer	La cerveza
The wine	El vino
The pasta	La pasta
The steak	El bistec
The pork	La carne de cerdo
The veal	La carne de ternera
The soup	La sopa
The snails	Los caracoles
The crab	El cangrejo
The sauce	La salsa
The glasses	Los vasos
The bread	El pan

The lobster	La langosta
A table for two, please.	Una mesa para dos, por favor.
The menu, please.	El menú, por favor.
The wine list, please.	La carta de vinos, por favor.
The dessert	El desierto
May I have something to drink?	¿Me puede dar algo de beber?
A glass of water, please.	Un vaso de agua, por favor.
A cup of tea, please.	Una taza de té, por favor.
A coffee...	Un café...
With milk	Con la leche
With sugar	Con azúcar

And	Y
That's all.	Eso es todo.
The check, please.	El cheque, por favor.
Is the tip included?	¿Está incluida la propina?
The breakfast	El desayuno
The lunch	El almuerzo
The dinner	La cena
Enjoy the meal!	Disfrute de la comida!
Cheers!	¡Salud!
It's delicious!	¡Es delicioso!
The plate	La placa
The fork	El tenedor

The knife	El cuchillo
The spoon	La cuchara
The napkin	La compresa
The cup	La copa
The glass	El vidrio
A bottle of wine	Una botella de vino
The cocktail	El cóctel
The ice cubes	Los cubitos de hielo
The salt	La sal
The pepper	La pimienta
The salad	La ensalada
The butter	La mantequilla

The noodles	Los fideos
The rice	El arroz
The cheese	El queso
The vegetables	Las verduras
The hamburger	La hamburguesa
The chicken	El pollo
The pork	La carne de cerdo
The beef	La carne de vacuno
I like my steak well done.	Me gusta mi carne bien hecha.
I would like a steak, cooked medium.	Me gustaría un filete, medio cocido.
I like my steak rare.	Me gusta mi filete raro.

The juice	El jugo
One of the pies	Uno de los pasteles
One of the cakes	Una de las tortas
The ice cream	El helado
Another, please.	Uno otro, por favor.
More please.	Más, por favor.
Please pass the...	Por favor, pasar la...
Please pass a little of the bread.	Por favor, pasar un poco de pan.
Please pass some bread.	Por favor, pase un poco de pan.
Spicy	Picante
Sweet	Dulce

Savory	Sabroso
Sour	Agrio
Gratuity	La gratuidad

Numbers	**Números**
1	Uno
2	Dos
3	Tres
4	Quatro
5	Cinco
6	Seis
7	Siete
8	Ocho
9	Nueve

10	Diez
11	Once
12	Doce
13	Trece
14	Catorce
15	Quince
16	Dieciséis
17	Diecisiete
18	Dieciocho
19	Diecinueve
20	Veinte
30	Treinta

40	Cuarenta
50	Cincuenta
60	Sesenta
70	Setenta
80	Ochenta
90	Noventa
100	Cent
101	Ciento uno
102	Ciento dos
103	Ciento tres
104	Ciento cuatro
105	Ciento cinco

106	Ciento seis
107	Ciento siete
108	Ciento ocho
109	Ciento nueve
110	Ciento diez
111	Ciento once
112	Ciento doce
113	Ciento trece
114	Ciento catorce
115	Ciento quince
116	Ciento dieciséis
117	Ciento diecisiete

118	Ciento dieciocho
119	Ciento diecinueve
120	Ciento viente
121	Ciento veintiún
122	Ciento veintidós
123	Ciento veintitrés
124	Ciento veinticuatro
125	Ciento veinte y cinco
200	Dos ciento
300	Trés ciento
400	Quatro ciento
500	Cinco ciento

600	Seis ciento
700	Siete ciento
800	Ocho ciento
900	Nueve ciento
1000	Mil
10000	Diez mil
100000	Ciento mil
1000000	Uno millón

Shopping	**Compras**
How many would you like?	¿Cuántos le gustaría?
Could you tell me the price, please?	¿Podría decirme el precio, por favor?
Do you have a smaller size?	¿Tiene un tamaño más pequeño?
My husband needs a bigger size.	Mi esposo tiene un tamaño más grande.
Does it come in any other colors?	¿Viene en colores de cualquier otro?
How many come together?	¿Cuántos se unen?
Can you help me find...?	¿Me puede ayudar a encontrar...
My girlfriend will like this.	Mi novia va gusta esto.

My boyfriend wants me to find...	Mi novio quiere que me encuentre...
A hat	Un sombrero
A coat	Una capa
The gloves	Los guantes
The pants	Los pantalones
The jeans	Los jeans
The shoes	Los zapatos
The socks	Los calcetines
Underwear	Ropa interior
A bra	Un brassiere
Are there any more like this?	¿Hay alguna de la misma familia?

How much does that cost?	¿Cuánto cuesta eso?
At what time does the store open?	¿A qué hora abre la tienda?
At what time does the store close?	¿A qué hora cierra la tienda?
What would you like?	¿Qué le gustaría?
Can I help you?	¿Puedo ayudarte?
I would like this.	Me gustaría que este.
Here it is.	Aquí está.
Is that all?	¿Es eso todo?
I'd like to pay in cash.	Me gustaría pagar en efectivo.
I will pay with a credit card.	Voy a pagar con una tarjeta de crédito.

Can I order these online?	¿Puedo pedir la tesis en línea?
Women's clothes	Ropa de la mujer
Men's clothes	Ropa de hombre
The blouse, the skirt, the dress	La blusa, la falda, el vestido
The pants, the shirt, the ties	Los pantalones, la camisa, los partidos
The shoes and the socks	Los zapatos y los calcetines
The electronics	La electrónica
The bookstore	La tienda de libros
The bakery	La panadería
The market	El mercado
The supermarket	El supermercado

The toothbrush	El cepillo de dientes
The toothpaste	La pasta de dientes
The feminine products	Los productos femeninos
The deodorant	El desodorante
The mouthwash	El enjuague bucal
The dental floss	El hilo dental
The ointment	La pomada
The sunscreen	La crema de protección solar
The catalogue	El catálogo
Membership card	Tarjeta de afiliación

Greetings	**Saludos**
Hello !	¡Hola!
Good morning	Buenos días
Good day	Buenos días
Good evening	Buenas noches
How are you?	¿Cómo estás?
Fine.	Bien.
Very well.	Muy bien.
So-so.	Así que, así.
What's your name?	¿Cuál es su nombre?
I am Mr. Geiger.	Yo soy Señor Geiger.
I am Miss Geiger.	Soy Señorita Geiger.
I am Mrs. Geiger.	Soy Señora Geiger.

It's nice to meet you.	Gusto en conocerlo.
Goodbye.	Adiós.
See you soon.	Nos vemos pronto.
Goodnight.	Buenas noches.
Where do you live?	¿Dónde vive usted?
I live in Washington.	Yo vivo en Washington.
This is my friend.	Este es mi amigo.
This is my boyfriend.	Este es mi novio.
This is my girlfriend.	Este es mi novia.
This is my husband.	Este es mi esposo.
This is my wife.	Este es mi esposa.
Please visit me.	Por favor, que me visiten.

I had a wonderful time at your party.

Tuve un tiempo maravilloso en su partido.

How do you do?

¿Cómo lo haces?

Welcome to my home.

Bienvenidos a mi casa.

Travel & Directions	**Viajes y Direcciones**
Could you tell me where...?	¿Podría usted decirme dónde está...
A camera store is?	Una tienda de fotografía es?
The museum is?	El museo se encuentra?
A good place to eat is?	Un buen lugar para comer es?
The river is?	El río es?
The lake is?	El lago es?
The ski-lift is?	El telesilla se encuentra?
This direction.	Esta dirección.
Around the corner.	Vuelta de la esquina.
Over here.	Por aquí.

That is where? Where is that?	¿Ahí es donde? ¿Dónde está eso?
They are inside.	En su interior.
Those are outside.	Son exterior.
It is that way.	Es de esa manera.
Please take me to...	Por favor, llévame a...
I am coming from...	Yo vengo de...
We are staying at...	Nosotros quedamos en...
I arrive at...	Yo llego a...
The address is...	La dirección es...
We should meet at...	Deberíamos encontrarnos en...
Where?	¿Dónde?

Excuse me, where is...?	Disculpe, ¿dónde está...?
Where are the taxis?	¿Dónde están los taxis?
Where is the bus?	¿Dónde está el autobús?
Where is the subway?	¿Dónde está el metro?
Where is the train station?	¿Dónde está la estación de tren?
Where is the exit?	¿Dónde está la salida?
Is it nearby?	¿Es cercano?
Is it far?	¿Está lejos?
Go straight ahead.	Siga todo recto.
Go that way.	Ve en esa dirección.
Go back.	Volver.
Turn right.	Gire a la derecha.

Turn left.	Gire a la izquierda.
Take me to this address, please.	Lléveme a esta dirección, por favor.
What is the fare?	¿Cuál es la tarifa?
Stop here, please.	Deténgase aquí, por favor.
Does this bus go to Grosvenor Square?	¿Este autobús va a la plaza Grosvenor Square?
I need a flight to Brittany.	Necesito un vuelo a Bretaña.
I need a ticket to Moscow.	Necesito un boleto a Moscú.
I need a map of the city, please.	Necesito un mapa de la ciudad, por favor.
I need a subway map, please.	Necesito un mapa del metro, por favor.
Police Station	Comisaría de policía

Please call the police.

Por favor, llame a la policía.

There has been an accident.

No ha sido el año-accidente.

My son is missing.

Mi hijo ha desaparecido.

His name is Paul.

Su nombre es Pablo.

Please ask the police to help find him.

Por favor, pregunte a la policía para ayudar a encontrarlo.

Insurance

De seguros

Business	**Negocios**
What can I do for you?	¿Qué puedo hacer por usted?
What would you like?	¿Qué le gustaría?
The basic questions	Las preguntas básicas
My telephone number is...	Mi número de teléfono es...
What is your number?	¿Cuál es tu número?
The office	La oficina
The parking garage	El garaje de estacionamiento
The administration	Los directores
The administrative assistant	El auxiliar administrativo
The memorandum	El memorando

The notice · Las instrucciones

The application · La aplicación

The form · La forma

The work · El trabajo

The project · El proyecto

The funding · La financiación

The financial state · El estado financiero

Accounting · Contabilidad

The mailroom · La sala de correo

Architect · Arquitecto

Clerk · Empleado

Receptionist · Recepcionista

Bartender   Cantinero

Manager   Director

Employees Only   Sólo los empleados

Paycheck   Cheque de pago

Hotels	**Hoteles**
Please help me.	Por favor, ayúdame.
My room needs...	Mi cuarto necesita...
Fresh sheets	Hojas frescas
Toilet paper	Papel higiénico
Soap	Jabón
Towels	Toallas
Could you please send some?	¿Podría usted por favor envíe un poco?
Could you please send some soap ?	¿Podría usted por favor, envíe Un poco de jabón?
May I please have a wake-up call at 6 a.m.?	¿Puedo por favor eche un llamado de atención a las 6 a.m.?
We will be checking in early.	Vamos a comprobar a principios de.

We will be checking out late.	Vamos a comprobar hacia fuera tarde.
Room Service	Con servicio de habitaciones
Laundry	La lavandería
Bar	Cantina
Restaurant	Restaurante
Housekeeping	Servicio de limpieza
Maid service	Servicio de mucama
Check out	Echa un vistazo a
Check in	Registrarse
Front Desk	Recepción
Washroom	Baño

Kitchen	Cocina
May I have your credit card?	¿Puedo tener su tarjeta?
Could you please?	¿Podría usted por favor?
Mirror	Espejo
Safe	Caja fuerte
Bags	Bolsas
Cart	Carro
Enough towles	Toallas suficientes
Gambling	Juego

Verbs	**Verbes**
To walk	Caminar
To run	Ejecutar
To wait	Esperar
To hurry	Apresurar
To take	Tomar
To make	Realizar
To get	Obtener
To find	Encontrar
To clean	Limpiar
To organize	Organizar
To post	Publicar
To discuss	Discutir

To speak	Hablar
To file	Presentar
To record	Grabar
To play	Jugar
To serve	Servir
To handle	Manejar
To cook	Cocinar
To stir	Agitar
To listen	Escuchar
To pump	Bombear
To direct	Dirigir
To eat	Comer

To drink	Beber
To marry	Casarse
To be born	Nacer
To notice	Observar
To work	Trabajar
To have	Tener
To do	Hacer
To say	Decir
To be	Ser
To repeat	Repetir

Adjectives	**Adjetivos**
Good	Bueno
Bad	Malo
Tall	Alto
Short	Corto
Thin	Fino
Fat	Gordo
Careful	Cuidadoso
Dangerous	Peligroso
Slippery	Resbaladizo
Wet	Húmedo
Hot	Caliente
Cold	Frio

Red	Rojo
Yellow	Amarillo
Orange	Naranja
Blue	Azul
Green	Verde
Pink	Rosa
Purple	Púrpura
Prohibited	Prohibido
Welcome	Bienvenida
Happy	Feliz
Sad	Triste
Long	Largo

Short	Corto
Easy	Fácil
Difficult	Difícil
Hard	Duro
Soft	Suave

Nouns	**Sustantivos**
The host	El anfitrión
The bellhop	El botones
The police officer	El oficial de policía
The guide	La guía de
The performer	El artista
The driver	El conductor
The maid	La criada
The car	El coche
The bus	El autobús
The taxi	El taxi
The hotel	El hotel
The station	La estación

The coatcheck / cloakroom	El ropero / guardarropa
The game	El juego
The television	La televisión
The microscope	El microscopio
The security	La seguridad
The bosun	El contramaestre
The dock	El muelle
The captain	El capitán
The waiter	El camarero
The needs	Las necesidades
The wants	El quiere
The airport	El aeropuerto

The guest	El invitado
The floor	El suelo
The bed	La cama
The napkin	La compresa
The tablecloth	El mantel
Sunday	Domingo
Monday	Lunes
Tuesday	Martes
Wednesday	Miércoles
Thursday	Jueves
Friday	Viernes
Saturday	Sábado

Day	Día
Morning	Mañana
Afternoon	Tarde
Night	Noche
Mother	Madre
Father	Padre
Sister	Hermana
Brother	Hermano
Cousin	Primo
Nephew	Sobrino
Niece	Sobrina
Aunt	Tía

Uncle	Tío
Grandmother	Abuela
Grandfather	Abuelo
This	Este
That	Lo
These	Estos
Those	Aquellos

www.ingramcontent.com/pod-product-compliance
Lightning Source LLC
Chambersburg PA
CBHW031334040426
42443CB00005B/332